밥이 없다

민예 김미화 2시집

시인의 말

두 번째 시집을 출산하며

　해는 여름에 더 많은 일을 할까? 품고 있는 열매들을 가르치고 다듬고 어르고 달래서 열정을 쏟아 가을이 되면 새콤달콤 완숙한 과일들을 만들어 내는가 보다. 삐질삐질 땀도 닦을 시간이 없는지, 가끔 장마를 통해 샤워하며 폭탄 비를 쏟아낸다. 지천명의 나이에 엄마와 함께했던 추억을 안고 그 발자취를 한 발 한 발 따라가며 지혜를 배우고 부모를 배우며 엄마를 닮아가고 있다. 엄마를 통해 채워진 행복했던 추억이 엄마의 부재에 엄마의 빈자리를 채우는 연습을 하며 그리움, 아픔, 후회를 글로 옮겨놓으며 내가 할 수 있는 건 하나님께 기도하는 것뿐이었다. 기도와 빈자리를 채우는 마음을 엮어서 부끄럽고 부족하지만 두 번째 시집을 출산한다. 두 번째도 충북문화재단을 통해 시집을 펴낼 수 있게 되었다.

당선되게 하신 하나님께 먼저 감사와 영광을 올려드린다. 또한 시를 지도해 주신 증재록 선생님과 항상 옆에서 응원하고 피드백해 주는 우리 가족들과 형제들 그리고 기쁨을 나눠 두 배가 되어주는 문우들께 감사드린다. 제2의 고향 금왕에 향토시인으로 살아가는 자부심과 소소하고 소박한 이야기지만 이웃에게 마음을 나눌 수 있는 소중한 소통이 되었으면 하는 바람에서 두 번째 시집을 펼쳐본다.

―민예 김미화

오빠 축간사

두 번째 시집을 축하하며

김광묵(현 오산 찬양교회 담임목사·신학박사)

누군가가 어떤 등산가에게 물었습니다: "왜 산에 올라가느냐?"고.

그러자 그는 "산이 거기 있으니까요!"라고 대답했습니다.

누군가가 한 예언자(豫言者 / Prophet)에게 물었습니다: "왜 예언을 하느냐?"고.

그러자 그는 "하나님께서 내게 말씀하시기 때문이라."고 대답했습니다(암3:8).

오늘 시인에게 "왜 시를 쓰느냐?"고 묻는다면,

시인은 "시상(詩想)이 내 가슴에서 움직이기 때문이라."고 대답할 것 같습니다.

"시인, 민예 김미화"라는 이름의 주인공이 내 사랑하는 누이동생이라는 사실이 너무도 자랑스럽습니다. '시'를 쓴다는 것은 단순한 문예활동이 아니라, 시인의 존재 자체가 녹아 흐르는, 깊고 푸르른 인생의 강물에서, 시어(詩語)라는 씨줄과 날줄을 뽑아, 곱디고운 오색의 비단을 짜내는 과정이 아닐까 싶습니다. 그리하여 한 줄의 시가 탄생

하는 것은, 어쩌면 어머니가 한 생명을 잉태하고 출산하는 과정에 비유할 수 있을 것 같습니다.

  그런데 이 엄청난 일을 한 번에 그치지 않고, 계속해서 이어진다는 점은 그만큼 그 가슴에 시성(詩性)이 생생하게 요동치고 있다는 뜻이기도 합니다. 그리고 그런 시성의 소유자가 내 사랑하는 가족이라는 점에서, 더더욱 즐겁고 행복한 마음입니다.

  그렇지만 한편, '한 줄의 시를 쓰기 위해, 얼마나 많은 인고의 시간을 삭여냈을까?'라는 생각에 애처로운 마음도 있습니다. 아무쪼록, 쉽지 않은 시인의 길이지만, 더욱 정진하여, 한국 문학계뿐 아니라, 세계 속에 빛나는 보석으로 등장하는 날이 오기를 기대하는 마음도 숨기지 않겠습니다. 다시 한번 진심으로 축하합니다.

—오빠가

둘째 언니 축간사
글쟁이 동생 파이팅

김미영(현 울산 양문어린이집 원장)

　이글거리는 여름 틈새로 한 자락 불어오는 하늘거리는 바람이 고마운 날!
　시를 발간하는 동생에게 축하의 마음을 전합니다.
　동생의 글에는 7080의 향수가 있습니다. 문화는 뒤떨어지지만, 자연이 살아있고 마음에 때 묻지 않은 그 시절 사람들의 평범한 이야기! 어려운 시절을 살아낸 한 소녀의 평범하지 않은 가족 이야기가 살아 있고, 뛰어다니며 노는 친구가 부럽지만 소녀는 가사일을 도와야 했던 이야기, 보따리 장사를 나간 엄마가 어둑어둑해져도 돌아오지 않자 삼 남매가 부둥켜안고 울던 그런 순간들이 다져져서 고스란히 글로 녹아든 이야기. 그 이야기들이 삶의 든든한 힘이었습니다. 그리고 친구였고, 사랑이었던 노모의 이야기가 있습니다.
　동생의 글에는 삶의 희로애락이 아름답게, 또는 아리게 묻어납니다. 삶을 녹여 한 올 한 올 엮은 글이 읽는 이로 하여금 감동을 느끼게 하고 마음을 따스하게 합니다. 동생의 25년 작품을 축하합니다.
　아울러 천지를 창조하신 하나님, 인류를 지극히 사랑하

신 하나님께 전합니다. 글쟁이 동생으로부터 흘러나온 이야기가 많은 이들에게 강같이 흘러 전해지기를 기대하며 두 손 모읍니다.

—동생의 시를 사랑하는 언니가

차례

2 시인의 말_두 번째 시집을 출산하며 / 김미화
4 축간사_두 번째 시집을 축하하며 / 김광묵
6 축간사_글쟁이 동생 파이팅 / 김미영

1민예 미안한 사랑

14 밥이 없다
15 반품
16 벚나무 아래서
17 그물
18 돌멩이
19 옥수수
20 장마
21 품앗이
22 산다는 건
23 행복 살을 찌운다
24 낙동강이 흐르는 고향
25 조그만 것이
26 혼란
27 수제비
28 한 장

29 역할놀이
30 나도 그랬다
31 알라딘 램프

2민예 물 따라 세월 따라

34 물음표 하나 그려놓고
35 끙끙
36 송구영신
37 몽돌
38 제티슨(Jettison)
39 저수지의 꿈
40 겨울 갈대
41 학과 여우
42 개나리
43 선한 이웃
44 포인트
45 자전거
46 아지랑이
47 도라지꽃
48 손가락셈에는 한계가 있다
49 달팽이
50 핸드폰
51 연애편지

3민예 달콤한 여행

54 능소화
55 손수레
56 서리꽃 핀 아침
57 고구마 사랑
58 비우는 계절
59 꽃샘추위 속에서도
60 구겨진 종이 한 장
61 버스정류장에서
62 작다는 것의 의미
63 송담
64 까치 소리
65 꼬맹이들의 함성
66 가족
67 어버이날
68 가을의 풍경
70 종이꽃
71 감나무의 기다림
72 겨울나무

4민예 그리움과 기다림이 재회할 때

74 겨울나무의 고백
75 가로등
76 가을 노트
77 가을 맛
78 귀뚜라미의 연주
80 가을을 볼 수 있는 사람
82 가을비
83 고수동굴을 다녀와서
84 나누어줍니다
85 노을은
86 들국화
87 딱따구리와의 만남
88 벚꽃 아저씨
89 맥문동
90 은하수
91 이팝나무
92 인솔자
93 저장 공간

5민예 감사 기도

96 밤의 경고
97 아침에 누리는 여유
98 퍼즐 맞추기 좋아하세요?
100 연어의 역동
102 아침이라 하겠습니다
104 담쟁이넝쿨
106 글라디올러스의 꿈
108 다섯 송이
109 삼계탕 한 그릇
110 접시꽃 연정
111 금화규의 노래
112 양귀비의 향연
113 오늘만 날이 아니잖아
114 싱그러운 미소
115 설유화
116 미역국
117 찔레꽃 사랑
118 꼬망이들의 축제

해설_증재록(한국문인협회 홍보위원)
119 민예시인의 시詩밭: 민들레꽃은 지지 않는다

1민예

미안한 사랑

사랑이 배어 입맛이 간간하다
줘도 줘도 끝없고
주면서도 미안한 사랑

밥이 없다

국과 반찬을 다 차려놓고 밥솥을 열었다
밥이 없다

오글오글 모여 살던 단칸방
동장군 속에서 모진 고난도
비가 새는 천장을 덮고 자던 방도
찌든 배고픔과 갈증에도
함께라서 이길 수 있었던 시간

부어있는 피부를 만지고
헐떡이며 몰아쉬는 호흡도
손을 잡을 수 있다는 것에 안도의 한숨을

밥솥을 열면 항상 밥이 있는 줄 알았다

반품

배달된 물품이 마음에 들지 않아
반품 요청을 했다
물품도
결제도
모두 제자리
쉽고 간단한 쇼핑

나이에 지쳐 삐걱대는 관절
절뚝이는 걸음걸이
부분부분 고장 난 몸의 일부
반품 요청을 하지만
반품은 받지 않는단다

건강은 건강할 때 지키라는 명언
만보기의 웃음이
완품을 향해 행진한다

벚나무 아래서

아파트 언덕을 내려오는 길
경비아저씨가 비질을 하고 있다
소복소복 쌓인 벚꽃 무더기
봄 이야기로 소곤댄다
아프지 않았냐고
상처는 아물겠지만 시간이 지나야 한다고
벚꽃이 떨어진 마디마디 선혈 자국
햇볕이 소독하고
바람이 호호 불어 치료하는 중

함께 있을 땐 몰랐던 일
몸 한 자락에서 떼어진 살점
정이 쌓여서일까 차마 떠나지 못하고
저토록 애절히 무더기를 만들어
모둠모둠 이야기로 추억을 더듬는다

겨울과 봄이 교차하는 꽃샘 시간
칠판을 넘나들던 열정이
옅은 안개로 가슴을 아리게 한다

그물

찔끔찔끔 여우비가 내리던 날
폭풍우 중에 던져진 그물
하천을 지나고
강물을 지나고
바다에서 노닐던 물고기 한 마리

방향 잃은 방황으로 정처 없이 흔들린다
적막이 흐르고
침묵으로 두 손 모은다

매듭으로 엮어진 촘촘한 어장
숨어도 숨어도 제자리
팔딱이는 여린 영혼
그물 안에 가둬주시는 그분의 계획
작은 것에도 감사할 수 있는 건
사랑 가두리 어장

돌멩이

베란다 바닥에 털퍼덕 주저앉은 돌멩이
창문 열고 닫을 때마다
발에 차이고 거슬려
노려보며 기회를 찾다가

택배로 배달된 선물 박스
고마움보다
시간 속에 코팅된 가시 돋친 언어가
심장을 펌프질한다

박스를 열자
차곡차곡 쌓여있는 신선한 향기가
포근히 안아준다

포개진 취나물 위로
아픔과 상처의 검은 액체가 낙수물처럼 쏟아진다
거슬리고 채이던 돌멩이 하나
살포시 얹혀
시간 따라 세월 따라 숙성되고 익어가겠지

옥수수

껍질을 열자
반들반들 햇살을 머금고
바람으로부터 귀동냥한 소문소문들
빼곡한 언어로 가득 차 있다
언어도 온도가 있다

농부들의 한숨 소리야 하루 이틀일까
자연과 팽팽한 고싸움
밀고 당기고
꽹과리 소리가 울려 퍼질 때
짜릿짜릿 쪼그라진 심장으로 지새운 밤

알알이 찰진 농부들의 웃음
질경질경 씹히는 꿈들이 분수로 부서진다

장마

물보라를 가르고
즐비하게 늘어진 자동차 행렬
눈을 부릅뜨고
앞으로만 행진 행진이다

곳곳이 포탄 맞은 흔적처럼
웅덩이 웅덩이마다
빠끔히 얼굴 내민 야윈 하늘 미소

속울음 삼키던 인내가 터트려진 진실
아픔일까
속상함일까
갈등의 연속이 한숨으로 깊어져 가고
해답 없는 메아리는
산발적인 소나기로 마음을 쏟는다

자동차 대열에 끼여
반복된 재해 앞에
무방비로 살아가는 하루살이 삶

품앗이

모처럼 가족이 다 모여 외식을 한다
지글지글 익어가는 고기
고령자부터 찬찬히 접시에 담아준다
"아들이 구워주는 고기 맛있지?"

이유식을 시작하자
옥수수 대궁까지 씹어먹던 아들이
부모 한 키를 넘어 성인으로 익어가고 있다

나이가 들면 자식이 보호자
내리사랑에 품앗이가 있으랴마는
또 다른 부모가 되기 위한 걸음마 놀이에
가슴 한편에 뭉클한 사랑이 담긴다

산다는 건

누구의 것일까
자동차 길에서 아슬아슬 남아있는
온기 한 방울을 가슴에 달고
애달픈 침묵으로 시위 중인
슬리퍼 한 짝

길거리마다 놓인 흰 국화는
눈물이 흘러 장마가 되고
가슴 치는 사연들 태풍이 되어
무너지는 삶의 현장

개미 한 마리가 먹이를 찾는 중에
딱정벌레의 움직임을 인지하고
돌아서 길을 간다

행복 살을 찌운다

코골이와 땀과
열대야와 씨름하던 피곤이
쑥 빠져나온 이부자리
툭툭 털어 오늘을 계획한다

웃음으로 감사를 인출하고
행복을 찾아 산바람과 데이트 시작
살랑살랑 치맛자락을 흔들고
백허그를 하며 달달한 한 컷

사마리아인으로
선한 영향력을 나누어
달아오른 열기만큼
행복이 익어간다

낙동강이 흐르는 고향

어렸을 적 그때
언니 등에 업혀
강물을 건너다니던 길에
다리가 놓이던 날
표창장을 받던 아빠의 웃음과
멱을 감으며 송사리 잡던 고무신을
낙동강은 기억할까
수몰된 유년 추억
빛바랜 향기가 스며든다

산자락 휘어 감고
자라온 그대로 가르침을 주는 고향
그리움이 깊어갈 때면
소용돌이 물줄기에 마음 실어
종이배에 띄워 보내고
몽청수 한 잔에 갈증을 푼다

조그만 것이

선물 받은 나무 한 그루에
햇살 모으고
바람 불러들이고 보낸 시간

이제나저제나 기다림 끝에
열매가 열린다
떨어지면 어쩌나 애를 태우더니
가을을 불러들여 바람을 피운다

조그만 것이
애간장 태워 숯덩이가 된 심장
살그머니 쓰다듬어 달짝지근 녹인다

열매 하나 따서 입에 넣자
머루 향이 집안 가득 채운다

혼란

한낮에는 뻐꾸기가 울고
늦은 밤엔 귀뚜라미 독주회
새벽녘에는 부엉이 하품 소리

여름도 아니고 가을도 아닌 것이
겨울에 담금질

유행은 계절을 앞선다 하더니
애매한 혼란이다
가을옷 입어도
여름옷 입어도
혼란 혼란

또박또박 서민으로
허름하나 정직을 입는다

수제비

노모가 끓인 수제비
사랑이 배어 입맛이 간간하다
한 술 한 술 입에 넣을 때마다
시선도 따라다닌다
볼록한 배를 보면서도 더 먹으라 한다
줘도 줘도 끝없고 주면서도 미안한 사랑

지천명의 숫자도
어머니 앞에선 아기가 되는 비밀을
풀 수가 없다

숟가락 위 간절한 기도가
연잎 위 물방울 되어 또르랑 떨어진다

한 장

장을 보고
계산 중 한정 초과를 통보받는다
총 맞은 것처럼 유행가 가사가 떠오른다
축구 경기에서
거친 행동의 선수에게 옐로카드가 제시된다
조금 후
레드카드가 제시되어 결국 퇴장

카드 한 장으로 세계를 여행하고
카드 한 장에 명품도 사고
카드 한 장에 살고 죽는 세상

열심히 산다는 것
언발란스의 삶

역할놀이

돌을 깔아 납작납작 방을 만들고
신랑 각시 소꿉놀이에 밥때도 잊던 시절
먹을 감고 하늘 덮고 누우면 젖은 옷이 뽀송뽀송
돌멩이 귀에 대고 돌을 말릴 때면 바닷소리 철썩철썩
끊이지 않던 웃음도 고소한 향기를
샘난 먹구름이 소나기를 뿌리고
개구쟁이들 물수제비 띄워 방해 놓던 작은 아지트

라면 하나 끓이면 간단 요리
'결제 완료'
핸드폰에 손가락만 까닥이면 대문 앞에 배달
명령만 내리면 AI가 비서
편리한 세상을 살지만 여전히 허기가 진다

희끗희끗 흰머리가 익어가는 중년
소꿉놀이는 끝이 나지 않고
방해꾼은 해마다 늘어나는데
변치 않는 역할놀이에 진땀이 삐질삐질
그럼에도 감사한 하루를 올려드린다

나도 그랬다

때까치의 요란한 울음소리에
설친 잠을 반납한다
어미 새 입맞춤을 기다리는
아기 새의 짝짝 벌린 입이 친숙하다

나도 그랬다

어미 새의 귀가본능을
울음으로 신호를 보내는 아기 새
기다리는 마음도 돌아오려는 마음도
애타는 것은 한 가지

할 수 있는 것은
기다림에 두 손 모운 눈물의 호소뿐
째깍대는 초침에 입이 마른다
먹어도 배부르지 않고
들이켜도 헐떡대는 갈증

아무것도 할 수가 없다
엄마 없는 시간
멈춰진 시간

알라딘 램프

지니야! 날씨 알려줘
하이, 빅스비! 전화해 줘
MZ세대들의 동화 속 이야기 알라딘 램프
병상에 갇힌 공주님을 구출할 방법이 없다

요술램프를 닦아도
양탄자를 타고 달려가도
마법의 사과를 먹어도
구할 수가 없다

전화벨만 울려도 가슴이 콩닥콩닥
겹겹이 쌓인 한숨
톡 건들면 쏟아질 봉숭아 씨앗

그럼에도
시선을 맞출 수 있음에 감사하며
평안을 기도한다

2민예

물 따라 세월 따라

나이는 채이고 구르고 다듬어져
몽돌이 되어가는 것

물음표 하나 그려놓고

걸어도 걸어도 끝없는 광야의 길
모래바람 지나 독충을 만나고
폭풍의 벽을 지나 초췌한 몰골로
대본도 연습도 없는 주인공

언제 터질지 모르는
팽창된 풍선을 들고
광야를 걷는다

한숨 소리 깊어질 때
할 수 있는 건
조용히 무릎 꿇고 두 손 모으는 것뿐

잔잔히 들려오는 음성
"딸아 내가 너를 안다"

감사를 하나하나 펼쳐 놓고
물음표를 잡아당기면
은혜 품은 느낌표가
두둥실 애드벌룬으로 떠오른다

꽁꽁

봄도 여름만큼
열정을 불태웠다는 것을
지내고 나서 알게 된다

닿기만 하면 금방 터지는 봉숭아 씨앗이
그의 눈물임을 훌쩍여 보면 알게 된다

가만가만 걸어도
사뿐사뿐 걸어도
어깨를 꼿꼿이 세우기엔 버거워진 무게

무심히 던진 말 한마디
가슴에 얼음으로 꽁꽁
칼바람 타고 아리게 몸살로 돋아난다
콧물을 훌쩍이고
깊은 기침을 쏟아놓아도
털어지지 않는 아픈 언어

커튼을 걷어 밤하늘을 올려다보니
별무리가 오색으로 생글생글
아픈 언어를 밤하늘에 차례차례 달아놓자
성탄트리로 반짝거린다

송구영신

한해의 마침표를 찍자
눈물이 흐른다
가슴을 쪼개어
토닥토닥 쓰다듬고 가만히 나를 안는다

어제와 오늘이 교차한 송구영신
새해가 떠오르면
앞뒤가 바뀔 줄 알았다
묵은 것 다 버리면 새것만 반짝이길
꼭 그럴 줄만 알았다

어제도 오늘도
똑같은 해가 뜨고 변하지 않은 일상

찍힌 발자국만큼 가치 있는 나이
지나간 것은 지나간 것으로

낭창낭창 굽이굽이
갈래길 둘레길 차분차분 걷다 보면
저 멀리서 반겨주시는 분
"샬롬" 한마디 가슴에 품고
오늘도 오늘도

몽돌

울퉁불퉁 태어나
깎이고 다듬어져
반들반들 둥그러니
굴러 굴러 동글동글 다듬어져

길가에 차이고
가시덤불에 찔리고

누가 놓아주었지
호숫가 한 귀퉁이에
쪼롱이 노래 듣고
가재 재롱 보고 웃음꽃 피우며
물 따라 세월 따라 매끈한 돌멩이로

나이는 채이고 구르고 다듬어져
몽돌이 되어가는 것

제티슨(Jettison)

토네이도 북극한파 지진 화재
곳곳에 방영되는 재난방송
생명을 건진 속옷 차림의 한 남성이 조명된다

생명을 건 사투의 시간이 오면
나는 어떤 모습일까?

풍랑에 흔들리는 조각배
고공행진 비행기
제티슨*의 시간이 되면 버릴 수 있는 용기
남을 먼저 도울 수 있는 여유
어떠한 상황에도 준비된 최후를

가치 있는 인생을 살자
많이 가진 자가 아닌
나누어줄 수 있는 넉넉한 사랑으로

---

*제티슨(Jettison): 비행기나 선박이 위기에 처했을 때 무게를 가볍게 하려고 짐을 버리는 행위

저수지의 꿈

저수지 둘레 길을 돌아
물안개에 넋두리를 풀어놓는다
욕심으로 골골이 할퀸 상처와
멍든 언어 감정까지 씻어 흘려보내고
남은 땀방울 툭툭 털어 햇살에 말리니
배시시 웃음이 틈을 낸다

걷고 걸어 원점이 되는 길
빈손으로 와서 빈손으로 가는 길
울어도 한세상 웃어도 한세상
하늘을 비상하는 새들의 자유가
방글방글 야생화로 피어나는 곳

겨울 갈대

오솔길 모퉁이를 돌아가는 중
중심 잃고 비틀거리는 뒷모습에
눈시울이 애잔하다

실오라기 하나 걸치지 않고
모진 태풍 견뎌온 흔적
빛바랜 야속한 청춘
가슴에 고인 눈물 겨우 닦아내니
까투리도 쉬어가고 족제비도 쉬어가고
꼬물꼬물 올챙이도 기웃댄다
주고 주고 다 주어 빈껍데기뿐인 몸뚱이
남은 한숨 떨치지 못하고
세월과 나란히 손잡은 지팡이 걸음이다

곱게 차려진 밥상에
따끈따끈한 온기 가득
미안해서 투정 부린 오늘
속울음 삼킨 감사로 거수경례를 한다

학과 여우

의치가 얼마나 입맛을 내랴 싶어
양념 얹은 나물이며 두부며
가지런한 밥상을 차려내자
젓가락을 내려놓고
국에 밥을 말아 드시는 엄마
귀동냥해 단백질이 좋다 해서
끼니에 올리자
고기 싫다며 반찬 그릇 밀어낸다
밀었다 당겼다
끝없는 갈등은 옥신각신
'학과 여우'
동화책 애니메이션 영화가
집에서 연속 방영 중이다

개나리

노란 물결이 일렁일 때면
더욱 보고파지는 얼굴
개나리 울타리가 있는 집엔
옥수수 대궁 인형놀이와
소꿉놀이 추억이 있다

머리도 감겨주고
목욕도 시켜주고
끼니를 챙겨주던
엄마 아닌 엄마

몸무게를 이기지 못한
쏟아진 양동이물
헛디딘 발과 함께 추락한
세숫대야 빨랫감
사건 사고 때마다
고마움과 미안한 해결사

엄마 빈자리에
포근포근 안아주던 손길
전화기가 울컥울컥 토악질이다
개나리 향기 가득한 언니의 음성

선한 이웃

오른손 왼손
생존을 위한 한 손
도움을 주는 다른 한 손

토닥토닥 아픈 곳 안마하고
양손 모아 이웃 한숨 나눠 담아
기도로 올려드리면
빈 항아리 채워지는 곱절의 원리

호호 입김 불어 체온 나누고
둥글둥글 둥근 세상 만들라고
두 손을 주신 창조주의 뜻

오늘은 살 수 있지만
내일은 나의 날이 아니기에
쓰담쓰담 심장을 포개면
너의 웃음이 나의 웃음으로
선한 이웃의 삶을

포인트

언제 쌓였는지
언제 사용할 수 있는지
아무런 대책도 형태도 없는 것이
가슴을 뛰게 한다

가슴에 꽃을 달고
어버이가 되는 날
자식이 되는 것에 아직은 더 익숙한데
부모의 책임을 호되게 질책받는 날
너희가 걸어온 만큼 부모는 뒤로 물러나고
가끔은 등을 보이는 연습도 필요한 시간

유통기간이 언제까지인지
얼마만큼 사용할 수 있는지
건강은 부모 된 책임
자녀에게 최고의 포인트
뛰는 가슴을 진정시키며
운동으로 포인트를 쌓는다

자전거

바구니 가득 꽃을 담아
앞에서 굴리고 뒤에서 수다 떨며
여행을 떠나면 향기가 나는
밤늦게 커피 한 잔 들고 만나도 편한
마음을 다 주어도 아깝지 않은
야생화 같은 우정을 모아
모닥불을 피웁니다

밤새 모기에게 뜯겨도
깔깔거릴 수 있는 지천명의 시간
함박꽃이 우정꽃보다 향기로울까
소소한 일상 속에 녹아진 우리

비가 오면 함께 맞아주고
눈이 오면 함께 눈사람 만들고
웃음을 피운 향기

굴러 굴러 두 바퀴로 함께한 여행
우정을 꽁꽁 뭉쳐서 축복합니다
하늘 향한 높다란 꿈이
더 높이높이 오르기를

아지랑이

움츠렸던 터널을 뚫고
세부적인 계획도 없이 날갯짓한다
그날의 떨림을 가슴에 안고
어찌할 바 몰라 멍하니 먼 곳만 바라보는데

비아냥거리는 구름 한 점
호통치는 바람 한 자락에도
꼿꼿이 한길을 걸어온 시간

스멀스멀 아지랑이 떠오르는 옛일들에 매여
또다시 기웃대며
그림자놀이를 떨치려 발버둥을 쳐도
꿈틀대는 귀여움에 시선을 빼앗기는 후회
접었다 펴기로 꽃샘을 부리며
선택 장애를 앓고 있는 봄봄

도라지꽃

쌉싸름한 옷을 입고
고고한 척 정갈한 몸짓을 하고
함박 웃고 있는 너는
혈통이 왕족이었나 보다

금수저로 살아가는 MZ세대
흙수저의 삶을 일군 쉰세대
서로 대비되는 세대 갈등

세상이 미쳤나?
연신 보도되는 사건사고
부모가 자식을 자식이 부모를
사람이 사람의 목숨을 앗아가는
말세의 징조 성경말씀

세대의 갈등 말의 언어 깊은 상처까지
도라지꽃 속에 소복소복 담아서
쌉싸름한 향기로 믹서 되어 한 송이 꽃으로
고고하고 정갈하게 피어날 수 있다면

손가락셈에는 한계가 있다

한 떨기 나무에서 불꽃으로 만나주신 분
광야를 지나온 시간과 방법은
헤아릴 수 없는 은하수로 쏟아지는 은혜
차곰차곰 퍼즐이 맞춰지고
또렷하게 들리는 음성

아무도 가지 않은 길
누구나 살아내는 일상
연습도 준비도 없는 한 번뿐인 시간
손해 본 것 같아도
그 값을 다 채우시는 분

손가락셈에는 한계를 보지만
은혜의 셈에는 무한을 넘는 원리
지금의 아픔은 고통이지만
미래의 진통은 할렐루야
감사와 찬양의 또렷한 그 음성
내가 너를 잘 아노라 일어나라 딸아

달팽이

봇짐 하나뿐
무겁다 하지 않고
비가 오나 눈이 오나
느릿느릿 앞으로 전진

갈 길은 먼데
갈림길 앞에서 서성이고 있는데
노랑나비 하나 이정표를 건넨다
정해진 목적지 꼭 가야 한다면
무거운 짐 내려놓아도 될 텐데

보라색 외투 벗어놓고
지팡이 허리 굽혀
마른침 삼키는 기도

내려놓지 못한 봇짐을 달고
천천히 시간을 갉아먹는 달팽이

핸드폰

색색이 잔치 준비로 분주한데
바람이 몰고 온 추위가
단풍잎을 떨어트리고
나뭇가지를 흔들어 놀라게 한다
옷깃을 여미고 두툼한 옷을 입고
단추까지 채워도
가라앉지 않은 추위

준비되지 않은 현실
시간이 지날수록 더 깊어지는 애틋함
영상만 봐도 가슴이 먹먹해지고
주체할 수 없는 눈물 바람
목구멍까지 체한 보고픔이
꼬약꼬약 토악질이다

가을잔치 초대장이
움직임 없이 누워
꺼져버린 핸드폰만 만지작만지작

연애편지

양 갈래 뽀글 머리 하트 장식의 주인공
삐뚤삐뚤 알 수 없는 이방인 글씨까지
무슨 뜻이냐고 묻자
공부 가르쳐줘서 고맙다고 해석한다
다섯 해를 살아온 아가가 삼 일째 만남에
선물이라고 건네준 그림 한 장과 편지

고 작은 것이 나를 미소 짓게 한다
터질 것 같은 심장이 방망이질이다

된서리가 오지게 내린 늦가을
오한과 몸살로 오들오들 숯덩이 된 가슴에
연애편지 한 통이 보약이다

뜬눈으로 지새운 밤잠
낙숫물처럼 흐르는 눈물 줄기
로뎀나무 그늘에 누운 몸뚱이
미물을 통해 먹이시던 그분이
이 작은 소자로 인해 잔잔히 다가온 음성

3민예

달콤한 여행

차창 밖에 시선 둘 여유도 없이
마음이 앞서서 손짓한다

능소화

가을과 겨울 사이에 끼어서
노크를 해도 들을 수 없고
창문으로 살짝 얼굴만 내밀며
기다림인가 그리움인가
비가 내린다

집집마다 별이 매달리는 시간
또 하루를 안고 가슴을 쓸어내린다
한숨도 자꾸 쉬면 습관이 되는지
하품과 눈꺼풀이 가까이 무르익을 쯤
비틀대는 몸뚱이를 누인다

가랑가랑 꿀잠으로 살이 오르고
젖비린내 모르고 세상을 빨아먹던
따사로운 품속이 뭉텅뭉텅 멍울로 아리다

오랜 보고픔에 꼬깃꼬깃 숨겨두었던
이야기의 속살을 발라
한나절 햇볕에 가지런히 말리니
능소화 꽃송이로 울타리 가득 향기가 난다

손수레

차곡차곡 일상을 싣고 가는 손수레
굽어진 길을 돌고
좁은 길을 갈 때쯤
비가 내리고 바람이 불고
피할 수 없는 허허벌판

자꾸만 무거워지는 무게에 몸까지 휘청이고
끌고 끌고 언덕을 오르는 길
미끄러지고 내동댕이치며 몸부림친다

아무것도 할 수 없어
무거운 무게 감당할 수 없어
땀과 눈물이 뒤범벅된 몸뚱이
'수고하고 무거운 짐 진 자야'
손 내밀어 수레를 끌어주시는 손길
내 힘으로 끌고 갈 때 흔들대던 수레바퀴
그분이 잡아주시니

이제 그분이 끌어주시는 평안
손만 살짝 얹어 그분 믿고 따라가는 감사 수레

서리꽃 핀 아침

목 놓아 우는 길목에는
그리움이 깊어
속울음 삼킨 깊이만큼
후회로 커지는 회오리
비워도 비워도 남아있는 정
체념하려 돌아서도
삐뚤삐뚤 오르는 향취

무너지지 않으려
쓰러지지 않으려
간신히 붙잡고 있는 가녀린 팔

한파로 앙탈을 부려봐도
폭설로 떼를 써봐도
허공을 맴도는 바람 소리뿐
돌아오지 않는 현실
한 가닥 빛을 안고
그저 하루하루 시간을 채운다

서리꽃이 핀 아침
살포시 두 손 포개어
평안을 다독인다

고구마 사랑

고구마 껍질을 벗긴다

어둠을 뚫고 흙을 털고
샤워를 하고 말릴 여유도 없이
뜨거운 열탕을 거치고 말랑말랑한 한입의 여정

무심히 지나치던 먹거리
수십 번 먹어도 몰랐는데
당신의 빈자리에서야 목이 멤을

찬바람 불고 끝없는 눈발이 날릴 때
아랫목에 모여 앉아 고구마를 먹으며
전래동화를 풀어놓으시던 그 음성

껍질을 벗기고 꼭꼭 씹어 먹어도
동치미 국물을 들이켜도
목에 걸리는 애틋한 추억을 넘기지 못해
자꾸만 가슴을 치는 건
남겨진 후회만큼 깊어진 아픔 때문일까

비우는 계절

하필 이 순간 왜
꼬리 문 질문의 질문
가만히 있던 마른 나뭇가지가
재채기를 하고 기침을 하자
바람이 불고 비가 오고
아무것도 하지 않으면
아무 일도 일어나지 않아도
해는 날마다 떠오른다

예측할 수 없을 때 오는 쓰나미보다
다가오는 그림자를 보고 더 놀라는 토네이도
이미 던져진 주사위는 바로 잡을 수 없지만
찬찬히 다가가 기도로 쓸고 닦고 비우면
마른 나뭇가지에 방긋이 피어나는 벚꽃의 행복

꽃샘추위 속에서도

봄바람은 속살을 파고들어 더 춥다
따뜻하게 입고 다녀라 당부하시던 말씀
이제야 알게 되는 꽃샘추위

배꼽시계 알림이 울릴 때
대문만 열어도 된장찌개가 바글바글
밥솥을 열면 김이 모락모락

사방에서 불어오는 바람
홀로 견디기 버거운 일상
모진 추위 앞에서도 당당할 수 있는 건
따사로운 손길 잡을 수 있어서
이름만 불러도 울타리 되고
어련한 기억 속에서도
손 흔들어 반겨주시는 분

구겨진 종이 한 장

서랍 속 구석에 구겨진 종이 한 장
언제부터 있었던 것인지
왜 구겨져 있었는지 알 수 없지만

일상에서 오는 현타
예고 없이 찾아온 쓰나미의 위력
멀리에서 다가오는 토네이도의 그림자까지
홀로 감당할 수 없어
가슴을 부여잡고 주저앉은 날
미로 속에서 몸부림칩니다

창조주 되신 분
모든 상황 아시는 분
알지 못하는 그분의 계획과 시간
그분께 가슴을 치며 호소할 뿐

내 속에 있는 근심 걱정
찬찬히 주름을 편다
구겨진 종이 한 장 손에 잡고
감사라고 쓰자 평안이 윙크하며 미소 짓는다

버스정류장에서

버스정류장에서 만난 여학생에게 시간을 물었다
묵묵부답이다
조금 후 다시 물었다 또 대답이 없다
몇 분 뒤 친구가 오자 환하게 웃으며
귀에서 인이어를 뺀다

세대를 알지 못해 오해하고
마음을 알지 못해 갈등하고
화내고 실망하고

세대를 아우르고 소통하는 방법이 뭘까
한 발 한 발 다가가면 좁혀질까
스타일을 따라가면 닮아질까
말 줄임 언어를 사용하면 될까

버스정류장에도
TV에서도
하나 되지 못한 여야의 알고리즘
진실 하나면 하이패스인데

작다는 것의 의미

물을 듬뿍 주니 햇살과 바람도 길을 터준다
공들인 만큼 삐죽이 꽃을 피우고
한숨도 심고
중얼거리는 푸념도 심고
미안하다 고맙다
투덜거리며 정을 주었더니
소복소복 열매를 맺었다

지난해 3개
올해는 5개
우리 가족 수만큼 머루가 열렸다

고것 참!
마음을 주니 시선도 따라가고
엄지손가락 치켜올려 칭찬한다
작지만 존재감은 최고

송담

살다 보니 여기까지 기어올라
소나무와 인연 되어 동고동락한 송담
우리였기에 가능했을까
갈등도 안고 신비로움도 나누며
서로에게 물들어가는 줄 몰랐다

얼마나 힘들었을까

끈끈이주걱을 펼치며 짊어진 무게
꽃이 지면 열매가 맺지만
줄기도 나이를 먹지만
가족이라 연결된 고리
아무도 갈라놓을 수 없기에
스며들고 물들고 닮아가며 공생한 세월

살며시 손을 잡아보니
마디마디 단단한 굳은살
관절마다 혈관마다 삐걱이는 신호
무거운 짐 내려서 잠시 쉬어가라고
평안의 이불 덮어 토닥여 본다

까치 소리

햇살 찬란한 시간
준비 없이 버스에 올라
보고픈 이를 향해 직진이다
차창 밖에 시선 둘 여유도 없이
마음이 앞서서 손짓한다

도착과 동시에 자연스러운 포옹
어제의 시간을 끌어와 이야기는 이어지고
낯선 공간도 민망해하며 뒷걸음질 치는
하하 호호 도란도란 웃음꽃이 팡팡

20년의 세월이 고스란히 어깨 춤추고
김치 한 조각도 맛있게 나눌 수 있는
짧은 만남이 아쉽지만 단잠을 잔 듯
까치 소리와 달콤한 여행을 한다

꼬맹이들의 함성

더위와 씨름하다가
한차례 쏟아지는 소나기에 휴식이다
선풍기도
에어컨도
잠시 한숨 돌린다

등줄기 폭포도
아이들 함성에 섞여 땀내만 피운다

며칠 휴가에 일상을 충전하고
꼬맹이들과 다시 마주한 시간
땀방울이 웃음방울 되어
올망졸망 앞치마 자락에 매달린다

가족

'언니' 부르면
사랑을 입 안에 넣어주는

'오빠' 부르면
등을 돌려 업어주는

'동생아' 부르면
다가와 안기는

'아빠' 부르면
고개를 끄덕이는

'엄마엄마' 부르면
가슴 찡하게 눈물이 흐르는

가족은
말하지 않아도
두 손 잡아 살며시 안아주는
세상을 모두 내 편으로 만든다

어버이날

올해도 어김없이 카네이션을 샀다

해마다 맞이하는 날
항상 돌아오는 줄 알았다
갑자기 바뀌어버린 어버이날
많은 종류 꽃바구니 앞에서 서성인다
망설이다가 조그마한 바구니 하나를 고른다

손을 잡고
얼굴을 비비고
어리광을 부려 봐도
풍겨오는 알코올 냄새만 코를 찌른다

병상 위에
카네이션꽃을 올려놓았지만
그렁그렁 눈물방울로
한숨이 치마폭에 매달린다

가을의 풍경

등줄 붉은 잠자리
울타리가지에 내려앉으면
개구쟁이 까치발로 살그머니 다가가
집게손은 마른침을 삼키고
숨소리조차 입단속시킨다

잡힐 듯 잡힐 듯
날아올랐다 내려앉고

키 높인 하늘이 안타까워
밤송이 아람 터트리면
굽어진 벼이삭 허리춤에
농부의 웃음이 송글송글 흘러
상쇠의 꽹과리는 흥을 돋우고
달과 별들은 강강술래를 한다

개구쟁이 까치발은
더 높아지고
어둠을 물은 잠자리는
살그머니 가을을 덮고
하루의 커튼을 내린다

알록달록 꿈들이 떠돈다

종이꽃

아침마다 앙앙 울며 등원하는 아이
엄마만 찾는다

종이 한 장 손에 들려주자
끼적이더니
'엄마'라고 읽는다

종이 한 장 펴놓고
부치지 못할 편지를 쓰다가
종이꽃을 만든다
목이 멘 울음을 삼킨다
엄마

감나무의 기다림

잎사귀 떨어져
앙상한 실루엣으로 도도히 서 있는
한 그루의 나무
화려한 진실이
작은 옹이로 마디마다 매듭되고

푸릇한 과거도
사춘기 젖멍울만 한 순정도
조로롱 조로롱 달려진 삶의 무게도
이제 모두 내려놓고

까치밥까지
한그루의 고독으로
높다랗게 매달려 있어야 하는 현실

새벽마다
애절한 가슴을 울리는 음성
마지막 길의 기도

겨울나무

벗어야 한다
벗어버려야 한다
실오라기 하나 걸치지 않고

이대로 당신을 갈망하는 알몸

귓불을 자극하던 바람의 달콤함에도
현혹되지 않고
고고한 자태 이대로

아무것도 없는 빈손
당신에게 가는 지름길임을
앙상히 드러난 실루엣으로 말한다

4민예

그리움과 기다림이 재회할 때

밤이 편안한 것은
하루가 책임을 다했기 때문이지

겨울나무의 고백

파르르 떨리는 입술
포개어질 때까지

매일 다가온 당신의 그림자
이제는 고이 안아보며
앙상히 드러난 알몸으로
진실을 말한다

벗어야 한다
벗어버려야 한다
욕심으로 덮어진 누더기

아무도 보아주지 않아
촉촉한 눈가의 눈물이 고드름 되어
소리 없는 울부짖음이 흰 눈으로 날려도

빈손 맨몸이어야
당신을 닮을 수 있다고
겸손한 당신을 따라갈 수 있다고

가로등

밤을 지키는 가로등이
졸음을 참지 못하고 연달아 하품을 쏟는다
긴 그림자를 단 가장의 어깨 위에도
졸음이 매달려 꾸벅꾸벅 인사를 한다
그리움과 기다림이 재회할 때쯤
가로등은 두 다리를 뻗는다

밤이 편안한 것은
하루가 책임을 다했기 때문이지
그제야
가장의 코골이가 시작된다

가을 노트

잔잔한 강물에 물수제비의 파장
멀리멀리 까지
메아리로 달려오는 가을

사람들 틈에서 울고 웃는 일상
고독해지는 건
언제쯤 알 수 있을까

솔솔 늘어가는 흰머리의 수만큼
어른이 되어가는 것일까
잡을 수 없는 얄미운 시간의 장난

바람 따라 날아온 나뭇잎 하나
사랑편지 전해주던 너
살며시 일어나는 설렘
노트 위 국화 향에
볼까지 수줍은 가을

가을 맛

팡파레 울리는 단풍이 인사하면서
붉은 고추의 탭댄스
들깨의 꼭두각시 춤
요들송을 부르는 참깨
시래기의 춤사위까지

짜릿한 햇살 따라
집 안 구석구석 가을은 쌓이고

깻잎김치
총각김치
무말랭이
동치미와 배추김치
붉게 물든 엄마의 손 씻기가 끝나면
가을은 맛이 들고

찬 서리가 내려
까치밥이 고개를 빼면
가을은 쉼을 얻는다

귀뚜라미의 연주

밤무대 가수가
땅거미를 밟고 무대에 섰다
조명도 없고
반주도 없는데
노래 실력을 과시한다

베이스로 깔고
소프라노의 선율을 얹고
아카펠라로 조화를 이룬 화음

전자음에
요란하고 현란한 몸짓까지
음향기기의 움직임에 따라
어깨가 들썩이고
의미 없는 춤을 추고
속옷까지 던져 순정을 바치는 세대에게

대대손손 문명을 넘어
전래동요처럼 민요처럼
자장가도 되었다가 클래식도 되었다가
한 편의 오페라 대작까지

아무런 기교도 넣지 않고
찌르륵 찌르륵 찌루루룩
단순한 가사로
가을을 달구는 연주회

가을을 볼 수 있는 사람

가을을 연주하는 갈대의 춤사위와
산란 비행하는 잠자리 떼의 여유가
하모니를 이루어
한 폭의 산수화 같은 날이다
시간을 분할하다가
잠시 틈을 얻자 첩첩 쌓인 피로가
아이스크림 녹듯 혈액을 타고
저절로 눈이 감긴다

그렇게 보낸 날은
아침이 눈을 뜨기 싫어한다
이불 안에서 뒹굴고 움츠리고 뒤척이다가
천근만근 몸에 심호흡을 불어넣고야
알람 소리에 소스라치게 놀라
하루를 종종걸음으로 옮긴다

다람쥐 쳇바퀴 돌듯
반복되는 일상에 오늘을 산다

어쩌다 찾아진 호탕한 웃음을 웃고 나면
꼬이고 꼬인 매듭이 스르르 풀린다
아~ 열쇠는 바로 그것

백만장자는 백 가지 걱정
억만장자는 억만 가지 걱정
몸뚱이뿐인 서민은 한 가지 걱정에
웃음 하나 찾아서
하루 수당에 감사 하나 얹어 끼니를 채운다

가을비

어깨동무하고 씩씩한 모습을 보이는
샛강의 물줄기
농부들 가슴을 쓸어내린다
오랜 기다림 끝에 내린 단비다

여기저기 트랙터의 움직임이 바쁘다
수북수북 세워지는 볏단의 신고식
참새를 위해 남겨진 낱알들

배우지 않아도
가르치지 않아도
얻어지는 작은 결실
그것이 진정한 기쁨이라는 것을
아낌없이 베푸는 것이 진정한 배려라는 것을

고수동굴을 다녀와서

휴가는 설렌다
가족과 손잡고
계획 없이 떠난 여행
사춘기 소녀 젖가슴 닮은 풋사과 사이로
해님의 헉헉대는 열기

오랜 역사를 가슴에 품고
방울방울 눈물 삼켜
석주와 석순이 만나 종유석이 되기까지

풀 한 포기 자라지 않는
누구도 흉내 낼 수 없는
그들만의 생존

고수동굴 입구에 새겨놓은
감탄사
함께 있어 행복한 사람

나누어줍니다

나뭇잎 하나 포물선을 그리며 앞을 막는다
지나칠 수 없는 설렘 하나
살며시 주워 향을 맡는다
아직
따끈한 흔적이 남았다

나뭇잎 하나 가슴에 품고 걷는 오솔길
가을이 숨차게
숭글숭글 호박덩이로
익어가고 있다

너도 한 덩이
나도 한 덩이
우리 한 덩이

골고루 나누어주는 가을이다

노을은

갈대는 하늘을 향해
그림을 그린다
겹겹이 쌓아둔 사연
붓으로 휘돌리며
한 폭의 풍경화를 그린다

정열을 태운 그리움으로
노을을 쏟아
한 폭의 전설을 그려내는

가슴을 삼키면
눈물이 먼저 매달리는 사연들
어둠이 깔려야
더 빛을 내는 노을은
침묵의 입술에
살며시 입을 맞춘다

들국화

잠시 발길 멈추고
쉬어가라고
들국화는 가지런히 피어나지
겹겹 묻어진 먼지 자락
툭툭 털고 가라고
꽃잎 하나하나에
가을 향기 묻어 놓고

그렁그렁 눈가에 이슬 맺힐 때
거울삼아 웃어보라고
발길에 차이도록 가까이 피어나지

딱따구리와의 만남

피곤함에 눈이 감기는 퇴근길
동료와 넋두리를 하는데
나무줄기에서 아슬아슬 곡예를 하는
작은 새
이름도 얼굴도 처음인 너에게
시선을 빼앗긴다

긴 부리 임무는
쪼아야 하는 본능

나무의 눈물도
나무의 아픔도
대수롭지 않은 변명일 뿐

피곤이 눈으로 내려앉는 시간
조심스레 시선을 빼앗긴다
딱따구리의 도도함에

벚꽃 아저씨

뻥이요~ 뻥! 뻥!
장날이면 많은 사람의 시선을 끌던 튀밥 튀김
정겨운 풍경이다

출근길에
아침을 머금고 침묵하던 벚꽃 망울이
퇴근길에
동네 오르막을 오르자
뻥! 뻥! 뻥!
가지마다 튀밥을 매달고 웃음을 터트린다

고개 떨군 한숨 소리
힘겨운 발걸음 잠시 쉬어가라고

연달아 뻥! 뻥!
고소한 시선을 끄는 벚꽃 아저씨

맥문동

고즈넉한 응달에
도도한 듯 피어난 맥문동

흐르는 땀방울도 닦지 못하고
쉼 없이 달려온 시간
맺힌 눈물이 이슬 되어
깎여지고 다듬어지고 다져진 후
깨달아가는 인생 고개

그림자가 짙을수록
애틋한 추억이 많다는 것을
아픔도 사랑이라는 것을

모든 것을 내려놓으면 알게 될까
음지에 핀 꽃이 더 곱다는 것을

은하수

하얀 오선지 위에 점 하나 찍고
아무것도 할 수 없어
걱정 하나 근심 하나
두려움도 없고 불안도 없고
제자리만 맴돌며 한숨을 쏟아낸다

별똥별 하나 포물선을 그리며
연꽃 위 물방울 타고
똥똥똥 귀엽게 점프하니
개구리도 첨벙 물방개도 맴을 돌고
무당벌레 포르륵 날갯짓하자
덩달아 달팽이도 느릿느릿 봇짐 여행이다

점하나 오선지가 무지개 되어
2분음표 4분음표
꼬리 달린 8분음표까지
헐레벌떡 쉼표 없는
악보 하나 완성이다

날마다 엉뚱발랄 반짝이는 별
은하수가 쏟아지는 어린이집

이팝나무

즐비하게 늘어선 가로수
소복소복 밥을 담아 양손 가득
누구를 기다리나
자식들 배곯을까 부지런을 떠셨구나

새벽기도 마치고 오 남매 도시락 싸느라
허리를 두드리던 엄마의 세월이
알람으로 똑같이 닮은 꼴
그 시간 그 자리
눈 비비며 아침을 챙긴다

하루의 일상을 펼쳐보며
같은 듯 다른 발자국
깊으신 뜻 알 길이 없는 이팝나무

닦아놓으신 터전
살포시 앉아보고
흉내만 낼뿐

인솔자

어린이와 소풍을 간다
고만고만한 체형에 연령은 달라도
설렘이 버스 가득
출발신호와 함께 버스가 움직이자
웃음과 울음이 공존한 공간
첫 경험의 연결고리로 하나 된 시간

입구에서 받은 팔찌
인솔자라는 문구에 눈이 커진다

두 아이를 유모차에 태운 학부모
땀을 뻘뻘 흘리며 힘들어하는 모습에
한 아이를 나눠서 도우미 자청
몸이 먼저 반응하는 인솔자

책임인지 사명인지
종일 뛰어다닌 몸뚱어리
조용히 눈을 감자
피곤이 몰려와 깊은 잠에 빠진다

저장 공간

마우스를 눌러 딸깍 하면
'새 폴더'라는 공간이 만들어진다
글자를 입력하고 사진을 넣어두고
다양하게 쓰이는 공간
큰방도 되고 작은 방도 되는 곳

병원을 다녀오며 모아둔 사진
진주로 엮어 목걸이 만들고
딸깍딸깍 마우스로 배를 채워
매일 늘어나는 저장 공간

한 주는 눈물바다
또 한 주는 감사바다
롤러코스를 넘나들며 외줄타기를 한다

저장 공간이 늘어나는 만큼
추억 공간도 배를 채운다

5민예

감사 기도

평안과 안전이 아침의 기도
감사로 마무리하는 저녁의 기도

밤의 경고

야근 후 샤워를 하는데
입술 위에 툭 불거진 뾰루지
자꾸 신경 쓰이게 한다
혓바닥도 쓰다듬고
거울을 보며 관심도 끌고
빨갛게 부어올라 아픈 티를 낸다

가장의 무게를 나눠 지고 이제 겨우 몇 달
기우뚱기우뚱 열심히 달려가는 중
아직 균형이 잡히지 않아
시행착오를 거듭하며
수정되고 다시 고치기를 반복 중이다

하품을 길게 연달아 하자
뾰루지가 입을 내밀며
힘들었다고 쉬라고
밤에게 경고장을 던진다

아침에 누리는 여유

가족들 아침 준비
창문 열어 공기 환기
화분에 물까지 주고
일찍 일어나는 날은 콧노래가 흥얼거린다

하품도 커피 한잔에 침묵하고
꽃대 오른 산세베리아를 칭찬하자
통통히 살 오른 머루도 인사를 건네고
하루를 계획하자 엉덩이가 씰룩씰룩

주말에 얻은 휴식이 주는 여유
발걸음도 가볍게 출근길에 만나는
나무와 꽃에도 저절로 윙크 세리머니
아침 시간은 총알인데
마음이 기쁘면 총알도 비껴간다

퍼즐 맞추기 좋아하세요?

망망대해 한가운데 홀로 서 있는 순간
외로움과 두려움이 덮쳐올 때
한 줄기 빛이 필요한 시간
자꾸만 밀려오는 파도의 위력
점점 거세지는 폭풍우 속에서
간절한 한마디 '아버지'

'쿠오바디스' 주님 어디로 가십니까
끝이 없는 길
가지 않으면 안 되는 길
넘어지고 지칠지라도 지고 갈 십자가
예수님의 십자가를 질 수 없지만
맡겨진 작은 십자가를 조심스레 지고 갑니다
긴장하고 불안에 떨고 있을 때
예수님 찍어 놓으신 발자국 밟으며
기도로 침묵할 뿐

언제부터 계셨을까
언제 맞춰놓으셨을까
좋은 것으로 구체적인 것으로 완벽한 것으로
한 조각 한 조각 맞춰지는 퍼즐 조각
마지막 한 조각 맞춰질 때
아버지 퍼즐조각 좋아하세요?
벅찬 가슴 눈물로 고백합니다

아멘 감사합니다 아버지~

연어의 역동

어둠이 이불을 덮으면
하나 둘
별 초롱 입에 문 반딧불이
길을 찾는 길잡이가 된다

샛강에서 태어나
넓은 세상을 돌아
다시 돌아가는 그곳
잔잔한 물결만은 아니었지
칼바람 치던 겨울 문턱
탯줄의 울타리가 허물어지던 그날
홀로서기의 아픔은
왜 그리 모진 외로움이었을까

먹구름 가득 찬 하늘
멍울 잡고 신음할 때
가슴 깊이 쏟아지던 붉은 선혈
마디마디 옹이로 박히고
물살을 거슬러 오르는 연어처럼
물살을 감싸 안아야 뛰어오를 수 있는 진리
반딧불이의 나침반으로 찾아간다
완숙한 연어가 또 다른 연어를 잉태하듯
끝없는 질주
힘차게
힘차게

아침이라 하겠습니다

긴 그림자를 안고
앙상히 뼈대만 남은 겨울나무에
입맞춤을 했습니다

살포시 함박눈이 흔적을 남긴 날
섬광 하나 가슴에 품었습니다

아픔을 품고 삭여
영롱한 진주가 탄생하듯
우리의 만남은 환희입니다

새파란 떨림이 설렘 되어
하염없이 흐르는 눈물은
돌더미를 돌아가는 시냇물 되고
울컥울컥 토해지던 멍울이
햇살로 부서지는 씨앗이었습니다

커다란 날갯짓이
세상에 깨어나는 신비
구석구석 쏟아 놓은 흔적
주워 담을 수 없어
겸허히 받아들이는 이름
아침이라 하겠습니다

이제 긴 그림자 걷히고
모두가 기지개를 켜는 아침
꿈과 희망으로 더 높이 높이

담쟁이넝쿨

험한 절벽을
낮은 포복으로
한 가닥 한 가닥
키가 클수록 더 단단히 엮여야 하는 운명

긴 그림자 매단 가로등이 꾸벅꾸벅 졸음을 쏟고
가족들의 피곤이 조롱조롱 이불을 덮을 때쯤
하루의 신발을 벗을 수 있는 책임

세상의 소리를 듣겠습니다
이웃집의 한숨 소리도 듣겠습니다
가녀린 떨림의 소리도
멀리 이국땅에서 온 그들의 소리도
외면하지 않겠습니다

하나뿐인 태양이
만물의 빛깔이 되고
영양이 되고 생명이 되는 것처럼
언론의 영향이
생명을 바꿀 수 있다는 진리

낮은 목소리로
가슴을 달구는 담쟁이덩굴
쑥쑥 뻗어나가 온 하늘 가득한 별빛으로

글라디올러스의 꿈

뭉글뭉글 구름이 유난히 가득 찬 날에
오글오글 피어난 꽃송이
빨주노초파남보 일곱 빛깔이 모자라
팔색조의 날개를 달고
오를 듯 오를 듯 날갯짓에 피어나는 꽃송이
옆에는 틈을 줄 수 없어 하늘 위로 자라는
도도한 듯 품격 있는 단아함이
이토록 아름답게 피어나는가!

밀회라는 속살을 품고
글라디올러스의 이름이 되기까지

찬비도 맞고
폭풍우 속에서도
천둥번개의 위력에도 굴하지 않는 여장부의 꿈이
한 장 한 장의 시로 수놓아
인생의 여정에 비단길로 펼쳐놓습니다

모진 가시 하나 가슴에 박혀
뺄 수 없는 십자가로
새벽마다 올리는 신문고가
둥~둥~둥~ 하늘을 울려
밤하늘 별이 되어 은하수로 박힙니다
이제 돌아보는 뒤안길에서
돌덩이 하나 내려놓고
내 주님 오른손 꼭 잡고 천천히 걸어갑니다

한 송이 글라디올러스로
꿈은 꾸는 자의 것이라지요
새로운 꿈을 기도로 한 발 한 발

다섯 송이

가족의 숫자만큼 머루가 열렸다
방향을 돌려가며 골고루 햇살 받고
잎사귀 세워 그늘도 만들고
도란도란 이야기하는 모습도
우리 가족을 닮았다

머루송이 위에 물을 주며
건강한 다섯이 되기를
평안과 안전이 아침의 기도
감사로 마무리하는 저녁의 기도

통통히 살 오른 머루 따서
노모 입에 쏙쏙 넣으면
백 년 묵은 산삼이 될까
두 손깍지 끼고
다섯 송이 머루와 함께
달달한 감사기도를 드린다

삼계탕 한 그릇

뜨거운 열기로 가득한 날
삼계탕을 끓이시던 노모
큰솥이 버거워 의자로 키를 높이시고
끓어라 끓어라 우리 아가 먹게

국자로 휘휘 저으며
땀방울도 넣고 눈물의 기도도 넣고
팔팔 끓는 삼계탕 한가득 떠서
닭다리 하나 떼 주시던 그 손길
병상에 누워 계신 어머니

삼계탕 팔팔 끓여
한 숟가락 그 입에 넣어 드리고 싶어
애만 태우다가
평안을 기도하고 돌아오는 길
하염없이 내리는 소나기에
가슴을 적신다

접시꽃 연정

수줍어 침묵한 것이 아니라
방법을 몰라 찾지 않은 것이 아니라
그냥 그냥 시간 따라 세월 따라
눈물 훔치며 종종대던 발자취
잠시 머물 여유를 찾습니다

하늘 담은 냇가에 걸터앉아
한숨을 쉬니 바람이 채가고
그리워 그리움 한 줌 뽑아 올려
나풀대는 나비 자락에 실어 보내고
재롱떠는 송사리 떼에 눈이 멀어
수채화 한 폭 그립니다

미소 한번 지어보니
평안도 따라 웃어
고이고이 접어서 접시꽃에 올려봅니다

금화규의 노래

하늘을 올려보니
높아진 구름 한 점 키를 낮추고
소름 돋은 나뭇가지 사이로
뻐꾸기 한 마리
애절한 가을 악보를 그린다

두 손 모아 사명으로 걸어온 길
비바람에 뒤 막고
천둥소리에 침묵하며
꾹꾹 눌러 담은 옹이 한 바구니
선한 빛이 향기로 반짝이고 있다

기상 나팔수로 시작해
땅거미 질 때 접는 일상은
열망을 노래하는 오페라
뜨거운 박수와 함성
금화규꽃에 새겨놓은 칸타빌레
여리게 더 여리게 세게 아주 세게
울려 퍼지는 금화규의 독주회

양귀비의 향연

지독한 맹독을 앓아보면 알까
눈부신 신비의 자태를

그림자도 돌아서는 그늘움막에
우물 하나 파놓고
두레박 던져 끌어올리면
산나물도 올라오고
산새들의 합창도 올라오고
반들반들 밤비의 아리아도 올리는 보물창고

하늘도 알고 있다
바람의 솔깃한 제안을
한복 자락 펄럭이며 맨발이 굳은살로 덮여도
전진 전진만이 승리의 깃발

양귀비 무더기로 피어난 언덕에
촘촘히 박힌 언어가 살포시 미소를 짓는다
맹독도 비껴간 삶의 현장으로
행복으로 걸어갈 양귀비의 향연

오늘만 날이 아니잖아

몇 며칠의 습도가 아침을 먹고 있다
새벽녘까지 폭탄 빗줄기에 정신을 잃었다가
겨우 잠재우고 잠시 숨을 돌리는 중이다
바람도 허기를 채우듯 급하게 나뭇가지를 흔들고

지나간 날들이야 다시 돌릴 수 없고
쏟아진 물 다시 담을 수 없지만
침착하게 앞을 바라보면
배시시 웃어질 무지개의 해맑은 웃음이
애드벌룬처럼 곳곳에 띄워지겠지

또다시 비가 온다
세찬 빗줄기는 갑갑한 마음을 채찍질하지만
오늘만 날이야?
날마다 새로운 희망과 손잡고 걸으면
그림자도 웃을 수 있는 여유가 생기겠지

싱그러운 미소

시간을 맞추느라 발걸음은 얼마나 바빴을까
싱그러운 미소를 가진 그녀
노크하는 공간이 고소한 향으로 가득
정을 퍼주느라 구슬땀이 송골송골

밤하늘 별무리를 보며 뛰는 가슴
별꽃을 보아도 진정되지 않던 떨림
눈망울 깊숙이 슬픔과 아픔을 감춰두고
이제야 웃을 수 있는 건
헤집고 헤집어 찾은 보물
터지는 시간

빼곡히 박힌 옹이
꽁꽁 묶인 응어리
한 올 한 올 다 풀어헤치고
기쁨과 행복 엮어 목에 걸고
레드카펫 위를 사뿐사뿐

설유화

살금살금 다가와 설렘을 주고
그저 보기만 해도 햇살 웃음이다
풍족한 듯 모자람에도 감사한 열정
과하지 않은 단아함

한 송이 한 송이에 사랑을 담아
무릎 세워 세레나데를 부르며
박수를 보낸다

길이 없어도 길을 찾아
척박한 땅에 흐드러지게 피어
빛이 나는 이름

살포시 눈송이로 내려앉아
순백의 향기를 모아
두 손 가득히 후~ 불면
멀리멀리 까지
세리머니를 보내는 설유화

미역국

지인의 생일 미역국을 끓인다
미역을 불리며 기다림을 넣고
정갈하게 씻고 다듬어
추억을 볶아 양념을 하고
생각과 마음을 우려내
미역국을 끓인다

따끈따끈한 국을 담아서
지인 두 손에 올려놓으면
입가에 고여지는 미소가
찔레향을 머금고 뛰어나온다

함께한 시간 추억이 되고
함께할 시간이 정이 되어
차곡차곡 쌓아진 사랑 탑에
함박웃음의 무지개가 사뿐사뿐

찔레꽃 사랑

허허허
휘파람새의 너털한 웃음소리가
동산 가득 아침을 깨우면
노부부의 일상은 시작된다
밭고랑을 마주 잡고
인생을 의논 중이다
한 참 열띤 호미질은
땀방울로 시간을 엮어간다

갈등도 있었을 터
등 돌린 잠자리도
오랜 침묵 속으로 스며들고
살아온 날들보다 남겨진 짧은 순간
밭고랑을 마주 잡고 애틋함을 마중한다

중절모를 뒤집어써도
머릿수건을 뒤집어써도
삐죽삐죽 삐져나온 세월의 흔적
노부부의 애틋한 사랑이 동산 가득 심어져
휘파람새의 웃음 되어
찔레꽃 향기로 피어오른다

꼬망이들의 축제

따사로운 햇살 아래
오목조목 모인 작은 요정들
무지갯개방울 따라
함빡 피어나는 웃음꽃

에어바운스 엉덩이춤에
들썩들썩 오리걸음
볼 풀장 미소가 퐁퐁퐁
물보라도 어깨춤을 추는 시간
찰방찰방 물살을 가르는
꼬망이들의 즐거운 축제

신난 요정들도
안전요원들의 박수 응원도
웃음보따리 채우느라
배꼽시계 알람도 침묵이다

발문
민예시인의 시詩밭

민들레꽃은 지지 않는다
―시집 『밥이 없다』

―증재록(한국문인협회 홍보위원)

1. 피어나다

 민들레가 터 오르고 꽃이 핀다. 봄부터 철 따라 척박한 들에서도 꺾이지 않고 끈질기게 피어난다. 행복과 감사하는 마음의 꽃말을 담고 있는 민들레가 곱다. 독실한 기독교인으로 예수님의 은총을 예쁘게 품고 있는 김미화 시인, 시명 민예로 불린다.
 민예 시인이 두 번째 시집 『밥이 없다』를 펴낸다. 밥 그건 생명이다. 그만큼 소중하게 가슴 가득 담고 피운다. 장장마다 사뿐히 올라선 함박웃음이다. 들에 피어난 민들레. 해 달 별 그에 따라 일어서는 바람 비 눈 그 안에서 싱그러운 웃음은 늘 푸르게 피어난다. 때가 되면 날개깃을 펼쳐 훌훌 자리를 옮겨 또 그 자리에서 그리움을 두고 보고픔으로 피어난다. 들로 나선다. 쌉싸름한 냄새가 코끝을 스친다. 하늘의 빛을 가장 많이 품는 민들레를 사랑한다. 불그레 물들어가는 눈길을 아른아른 적신다. 오르고 내리며 길이를 재는 동안 뭉클 다가서는 시심이 따뜻하다. 언제나 꽃 피우기로 마주하며 마음 펼치는 자리, 세상의 싹이 트는 자리로 들어선다.

어린이와 동심을 나누며 웃음보 터지는 햇살이 보드랍다. 어린이집에서 동그랗게 말아가는 정성을 담아 민들레처럼 희망으로 피어나 갓털처럼 훌훌 날아올라 펼치는 예능의 꿈을 심어준다. 공중에서 내려다보는 눈길은 사방을 재고 피어난 꽃은 인내와 사랑으로 꿈의 성취를 향해 나가는 길을 안내한다. 「찬란한 꿈은 힘든 현실의 물결을 타고 넘는 배」(사11:6-8 중), 열매가 주는 힘은 오래다.

2. 시침은 돈다

시인은 꾸밈이나 부끄럼이 없다. 자신만만한 걸음걸이가 자랑스럽다. 변하고 또 바뀌는 하루와 하루 사이에서도 유독 변치 않는 근원인 얼굴은 자신만만한 민들레의 끈질긴 꽃이다. 초에서 분으로 시간을 거쳐 달로 해로 여전히 구른다. 그때나 이제나 온갖 생활 양태가 바뀌었어도 그때 그대로 시절의 이름을 보내고 맞으며 시침은 돈다. 잠시도 쉬지 않는 자리에서 맥박은 뛰고 잡히지 않는 바람은 옷소매를 스쳐 가슴을 치민다. 오래오래 잘 살아야지, 열매가 싹을 포기하고 민 몸으로 달려온 정성을 약속한다.

노모가 끓인 수제비
사랑이 배어 입맛이 간간하다
한 술 한 술 입에 넣을 때마다
시선도 따라다닌다
볼록한 배를 보면서도 더 먹으라 한다
줘도 줘도 끝없고 주면서도 미안한 사랑

지천명의 숫자도
어머니 앞에선 아기가 되는 비밀을
풀 수가 없다

숟가락 위 간절한 기도가
연잎 위 물방울 되어 또르랑 떨어진다
―「수제비」 전문

한 많은 세상을 살아오면서 부끄럼 없이 키워주신 노모 앞에서 자기를 고백하고 있다. 이제 그만 쉬어야 할 때인데도 자식만 보면 무엇이든 해주려 하는 엄마의 손, 그 손에서 나오는 맛이 지상 최고다. 자식에 대한 어머니의 무한한 사랑, 그 품에 기대는 사랑이 미안하다. 특별한 기교나 상징 없이 보편성에서 어머니를 표현하였다. 이제 병으로 누워계신 어머니를 생각하며 미안함과 고마움으로 자기를 돌아보는 사랑이 자리 잡는다.

    울퉁불퉁 태어나
    깎이고 다듬어져
    반들반들 둥그러니
    굴러 굴러 동글동글 다듬어져

    길가에 차이고
    가시덤불에 찔리고

    누가 놓아주었지
    호숫가 한 귀퉁이에
    쪼롱이 노래 듣고
    가재 재롱 보고 웃음꽃 피우며
    물 따라 세월 따라 매끈한 돌멩이로

    나이는 채이고 구르고 다듬어져
    몽돌이 되어가는 것
    —「몽돌」전문

    태어나 자란다는 건 기쁨이면서도 고난으로 닦인다는 것, 시간과 공간 그 사이에서 숨결 또한 만만치 않은 바람에 시달려 파도가 일기 때문이다. 마주 서서 부딪혀 깨

지기보다는 맞이하고 쓰다듬어 스스로 모를 갈아 둥글게 굴러가는 길, 살아가는 방향을 재 준다. 보통 사람들이 살아가는 이야기 그저 모나지 않게 둥글둥글 구르는 게 으뜸이라는 교시, 만나고 어울려 질서 속에서 함께 일상을 빛낸다. 둥글게 조화를 찾는다.

   햇살 찬란한 시간
   준비 없이 버스에 올라
   보고픈 이를 향해 직진이다
   차창 밖에 시선 둘 여유도 없이
   마음이 앞서서 손짓한다

   도착과 동시에 자연스러운 포옹
   어제의 시간을 끌어와 이야기는 이어지고
   낯선 공간도 민망해하며 뒷걸음질 치는
   하하 호호 도란도란 웃음꽃이 팡팡

   20년의 세월이 고스란히 어깨 춤추고
   김치 한 조각도 맛있게 나눌 수 있는
   짧은 만남이 아쉽지만 단잠을 잔 듯
   까치 소리와 달콤한 여행을 한다
  —「까치 소리」 전문

하루가 분주하다. 아침부터 서둘러 나서는 길, 까치의 반가운 울음에 가뿐해진다. 반가운 손님을 맞으려나? 새 이를 주려나? 오작교를 놓아주려나? 은혜를 갚아주는 설화에 까치설도 있어 까치는 행운과 좋은 소식을 가져다준다는 소리의 전령사, 어린이들과 만나고 헤어지며 보내온 20여 년의 세월, 아직도 까치 울음에 달려가서 함께 여행하며 춤추는 나날, 언제나 만나면 포옹으로 하루를 열고 보낸다. 동심에 젖어 시는 천진난만하다.

밤을 지키는 가로등이
졸음을 참지 못하고 연달아 하품을 쏟는다
긴 그림자를 단 가장의 어깨 위에도
졸음이 매달려 꾸벅꾸벅 인사를 한다
그리움과 기다림이 재회할 때쯤
가로등은 두 다리를 뻗는다

밤이 편안한 것은
하루가 책임을 다했기 때문이지
그제야
가장의 코골이가 시작된다
―「가로등」 전문

길을 밝힌다. 살아가는 길목마다 특히나 어둠일수록 더

밝혀주는 가로등을 가장으로 비유하여 펼쳐주는 풍경은 아득하고 희부연 불빛에 피곤한 졸음이다. 평범한 일상에서 권태와 지루함의 무게는 어둠이다. 사방이 보이지 않아서 홀로 있는 그 밤의 자리가 위안을 준다. 책임의 무게 그도 오직 하나의 완성을 위한 노력이다. 추구 가치는 지식도 과학도 아닌 고된 삶 속에서 맞이하고 보내는 이야기 그 속에서 찾는 선일 것이다.

가족의 숫자만큼 머루가 열렸다
방향을 돌려가며 골고루 햇살 받고
잎사귀 세워 그늘도 만들고
도란도란 이야기하는 모습도
우리 가족을 닮았다

머루송이 위에 물을 주며
건강한 다섯이 되기를
평안과 안전이 아침의 기도
감사로 마무리하는 저녁기도

통통히 살 오른 머루 따서
노모 입에 쏙쏙 넣으면
백 년 묵은 산삼이 될까
두 손깍지 끼고
다섯 송이 머루와 함께
달달한 감사기도를 드린다

―「다섯 송이」 전문

 한뿌리에서 줄기를 치며 가지를 뻗어 이룬 자리에서 빛을 내 그늘을 드리우고 사소한 것들에 대하여 함빡 웃는 행복, 어머니와 남편, 두 아들과 함께 한 가정을 이루고 한 공간에서 살아가는 일상의 평범한 삶의 감사기도가 숙연하다. 어둠에서 불을 켜 사방을 밝히듯 어려운 일에서도 언제나 감사로 하루를 밝혀 사랑에 대한 소망을 연다. 일상에서 느끼는 진솔하고 순수한 정신으로 희망을 이루고 있는 표정이 눈길을 끈다.

3. 사랑과 꿈을 펼친다

 민예 시인, 미소가 하늘하늘 오르는 귀여움으로 예사롭지 않은 믿음이 날개를 편다. 매 시詩가 분주하게 총총 뛰는 동심을 가꿔주며 나라의 미래를 꽃피게 하는 마음이 대견하다. 언제나 쉼 없이 피어나는 사랑과 꿈이 최대치에 이르러 사방 밝혀지길 기대하는 내일을 향한다.
 '그새'라는 새가 있다. 그림 그리듯 여유롭게 날개를 펼치면 그루터기엔 싹이 돋는다. 살짝 미소로 돌아와서 마음 한쪽 그렁그렁 고이는 물방울에 꽃을 건다. '그새'라는 날이 있다. 지나면 새날이 훨훨 날아오르는 그새, 아차 싶으면 훨훨 날아가 버려 손도 잡지 못해보고 머엉, 그새 그렇게 새를 헤아려 본다. 아주 총총 발랄한 손짓으로 시심을 펼친다고 만난 날이 2003년, 그해 여름이 막 지나고 시의 철이라는 가을로 접어들던 날이니 햇수로 스무 해가 지났다. 마음 하나 변치 않는 그대로의 동심으로 지났다. 언제나 동심은 발랄하다. 날은 자꾸 가고 그날을 잡지 못해 갈 만큼 다 가도 순수하다. 만나면 때마다 민들레 꽃을 피운다. 꽃망울이 웃음, 희망과 행복을 선물하는 골짝을 낸다. 골짜기에는 시심이 따뜻하고 그 깊이에서 모두 감사한 꽃망울이 우글거린다. 곱게 활짝 피어나 안긴다.

 그가 그를, 내가 나를, 네가 너를 가장 진실로 자신답게 하는 시집 『밥이 없다』에 뜻을 담고 펴낸다. 수없이 스치고 밟고 지나가고 그렇게 아직도 꿋꿋하게 숨을 쉬고 있는 정성이 꽃을 피운다. 맘껏 피어나 오래도록 향기를 피우는 착한 꽃. 민예 시인의 동심이 가득 내장되어 있는 시집이다.

밥이 없다

민예 김미화 지음

발행처	도서출판 청어
발행인	이영철
영업	이동호
홍보	천성래
기획	육재섭
편집	이설빈
디자인	이수빈 | 구유림
제작이사	공병한
인쇄	두리터

등록	1999년 5월 3일
	(제321-3210000251001999000063호)

1판 1쇄 발행 2025년 8월 30일

주소	서울특별시 서초구 남부순환로 364길 8—15 동일빌딩 2층
대표전화	02-586-0477
팩시밀리	0303-0942-0478
홈페이지	www.chungeobook.com
E-mail	ppi20@hanmail.net

ISBN 979-11-6855-368-2(03810)

본 시집의 구성 및 맞춤법, 띄어쓰기는 작가의 의도에 따랐습니다.
이 책의 저작권은 저자와 도서출판 청어에 있습니다.
무단 전재 및 복제를 금합니다.

이 책은 충청북도, 충북문화재단의 후원을 받아
예술창작활동지원사업의 일환으로 발간되었습니다.